LENORMAND DIARY

Doreen Feike

Lenormand Diary
Kartenlegen mit den Lenormandkarten

Bibliografische Informationen der Deutschen Nationalbibliothek
Die deutsche Bibliothek verzeichnet diese Publikation in der deutschen Nationalbibliografie; detaillierte bibliografische Daten sind im Internet über http://dnb.ddb.de abrufbar.

© Doreen Feike, 2013

ISBN: 9-783-732-254-897

1. Auflage 2013

Herstellung und Verlag: Bod – Books on Demand, Norderstedt

Bildrechte zur Verwendung des Kartendecks „Magisches Lenormand" mit freundlicher Genehmigung des Büttner Verlag GbR, Gabriele und Olaf Büttner, 96355 Tettau   www.buettner-verlag.com

Layout & graphische Umsetzung Coverbild: Stephanie Pullner

Alles braucht seine Zeit

Um sich mit den Lenormandkarten vertraut zu machen, braucht es Zeit, Geduld und Leidenschaft. Um mit ihnen sicher zu arbeiten - jahrelange praktische Erfahrungen.

Es gibt eine große Auswahl an interessanten Büchern zum Thema Lenormandkarten mit deren Hilfe man sich ein gutes Basiswissen aneignen kann. Doch keine dieser Niederschriften stellt ein Dogma dar. Alle Deutungsweisen und Kartenkombinationen sind verhandelbar und hängen davon ab, welches Grundgefühl Sie zu den einzelnen Karten haben.

Dieses Lenormand -Tagebuch kann einer Ihrer wertvollsten Schätze werden. Sie haben Gelegenheit Ihre Kartenbilder zu dokumentieren, so dass Sie auch noch nach Monaten oder gar Jahren auf Ihre Deutungen zurückgreifen können.

Ich wünsche Ihnen viel Freude mit den Lenormandkarten und Ihren eigenen Entdeckungen.

Herzlichst Ihre Doreen Feike

TAGESKARTEN

Nehmen Sie sich zunächst die Zeit und lassen jede einzelne Karte auf sich wirken. Was haben Sie beim Anschauen der Motive gedacht? Und was meint Ihr Bauch dazu? Notieren Sie sich Ihre Einfälle und Ihr Gefühl. Das kann später eine sehr gute Stütze sein.

1 REITER HERZ 9

2 KLEE KARO 6

3 SCHIFF PIK 10

4 HAUS HERZ KÖNIG

5 BAUM HERZ 7

6 WOLKEN KREUZ KÖNIG

7 SCHLANGE KREUZ DAME

8 SARG KARO 9

9 BLUME PIK DAME

10 SENSE KARO BUBE

11 RUTEN KREUZ BUBE

12 EULEN KARO 7

13 KIND PIK BUBE

14 FUCHS KREUZ 9

15 BÄR KREUZ 10

16 STERNE HERZ 6

17 STÖRCHE HERZ DAME

18 HUND HERZ 10

19 TURM PIK 6

20 PARK PIK 8

21 BERG KREUZ 8

22 WEGE KARO DAME

23 MÄUSE KREUZ 7

24 HERZ HERZ BUBE

25 RING KREUZ AS

26 BUCH KARO 10

27 BRIEF PIK 7

28 HERR HERZ AS

29 DAME PIK AS

30 LILIE PIK KÖNIG

31 SONNE KARO AS

32 MOND HERZ 8

33 SCHLÜSSEL KARO 8

34 FISCHE KARO KÖNIG

35 ANKER PIK 9

36 KREUZ KREUZ 6

Verbinden von 2 Karten
Kombinationsübungen

Nach der Erforschung der Einzelkarten geht es weiter mit dem Schritt, zwei Karten sinnvoll miteinander zu verbinden. Ziehen Sie 2 Karten aus dem Deck und fassen Sie für jede der beiden Karten noch einmal die Schlüsselwörter zusammen, die Ihnen spontan einfallen. Zur Erleichterung fertigen Sie sich eine Tabelle mit 2 Spalten. (Beispiel siehe folgende Grafik)

13 KIND	22 WEGE
Neues, Neuanfang	Entscheidungen, Wege
Kind, klein, jung, kurz	kompromissbereit
pubertär, trotzig	Alternativen

Nun fügen Sie die Schlüsselwörter zu sinnhaften Aussagen zusammen.

Beispiele

- Neue Entscheidungen, neue Wege
- pubertäre Entscheidungen, Entscheidung aus Trotz
- Entscheidung steht noch am Anfang
- kompromissbereites Kind
- Entscheidungen ein Kind betreffend
- kleine, kurze Wege

SÄTZE IN BILDER KLEIDEN
Fördern der Phantasie

Eine weitere schöne Möglichkeit ist es, sich kleine Sätze auszudenken und diese mit entsprechenden Karten zu illustrieren.

Beispielsatz

„Sie kauft ein Auto."

DAME – FISCHE – REITER
Sie   kauft   Auto

Die Dame steht für eine Frau, respektive für die Fragestellerin. Aus den klassischen Schlüsselwörtern der Karte Fische (Geld, Finanzen) leiten wir das Wort kaufen ab. Der Reiter zeigt in diesem Fall das Fortbewegungsmittel Auto an.

Beispielsatz

„Er liebt sein zuhause."

HERR - HERZ - HAUS

Der Herr steht für einen Mann, respektive für den Fragesteller.

Aus der Karte Herz entnehmen wir die Deutung, etwas zu lieben/ etwas sehr zu mögen. Für das zuhause eignet sich hier die Karte Haus.

Selbstverständlich können diese Beispiele zusätzlich noch vieles andere mehr bedeuten. Doch bei dieser Übung geht es darum, sich den Karten spielerisch zu nähern, das Kartendeck Schritt für Schritt besser kennen zu lernen und der Phantasie freien Lauf zu lassen.

Kleine 9er Legung

Diese Legeart ist bestens geeignet einzelne Fragen zu beantworten und Hintergründe zum Thema zu beleuchten. Es ist hier empfehlenswert die Fragen offen zu stellen, so dass sie nicht mit ja oder nein beantwortet werden können.

Empfehlenswert :   Wie wird sich die Bekanntschaft zwischen X und Y weiter entwickeln?

Nicht empfehlenswert: Werden X und Y zusammenkommen?

Mischen Sie die Karten gründlich und legen Sie die 9 gezogenen Karten nach dem unten folgendem Schema ab:

1	2	3
4	5	6
7	8	9

Auf dem Platz 5 befindet sich der sogenannte Headliner – die Mottokarte. Hier wird ein wichtiges vorrangiges Thema angezeigt, dass mit allen umliegenden Karten in direkter Verbindung steht.

Hier kann man wunderbar mit der Häuserdeutung arbeiten. Die Bedeutung der Häuserplätze 1-9:

Platz 1: Gibt es in Bezug zur Fragestellung einen Fortschritt?

Platz 2: Werden Chancen und Möglichkeiten genutzt?
Platz 3: Erfolgt die Umsetzung der Visionen und Vorstellungen?
Platz 4: Wie sieht das Fundament in Bezug auf die Fragestellung aus?
Platz 5: Mottokarte
Platz 6: Wo gibt es noch Klärungsbedarf?
Platz 7: Gibt es Umwege, Komplikationen oder Dritte Personen?
Platz 8: Was ist zu passiv, was möchte transformiert werden?
Platz 9: Ergebnis

Zusätzliche Deutungsebenen:

- Plätze 1, 2, 3: zeigen die Gedankenebene des Fragestellers zum befragten Thema
- Plätze 4, 5, 6: hier sehen wir die momentane erlebte Realität
- Plätze 7, 8, 9: unbeachtete bzw. unbewußte Ebene

- Plätze 1, 4, 7: Vergangenheit
- Plätze 2, 5, 8: Gegenwart
- Plätze 3, 6, 9: Zukünftiges

Datum:
Frage:

Datum:
Frage:

Datum:
Frage:

Datum:
Frage:

Datum:
Frage:

Datum:
Frage:

Datum:
Frage:

Datum:
Frage:

Datum:
Frage:

Datum:
Frage:

Grand Tableau 8x4

Übersicht der wichtigsten Punkte beim Ausdeuten der Großen Tafel:

- 1. Karte (Platz 1), Brennpunkt des Fragestellers, akutes Thema
- Suche nach der Karte, die für den/die FragestellerIn steht und Umfeld sowie Häuserplatz dieser Karte analysieren
- Eckkarten einbeziehen als Entwicklungstendenz der Gesamtlegung
- je nach Fragestellung Themenkarten analysieren, z. Bsp. :

Beruf:	Karte 35, Anker
Finanzen:	Karte 34, Fische
Liebe:	Karte 24, Herz
Beziehung:	Karte 25, Ring

- die 4 Mittelkarten – das Herzstück des Kartenbildes – sind als zukunftsweisend zu betrachten, hier können auch Tipps der Karten enthalten sein, um Negatives abzuwenden
- die unteren 4 Karten zeigen Ereignisse an, die ein relativ kurzes Zeitfenster haben

Grand Tableau 9x4

Übersicht der wichtigsten Punkte beim Ausdeuten der Großen Tafel:

- 1. Karte (Platz 1), Brennpunkt des Fragestellers, akutes Thema
- Suche nach der Karte, die für den/die FragestellerIn steht und Umfeld sowie Häuserplatz dieser Karte analysieren
- Eckkarten einbeziehen als Entwicklungsweg der Gesamtlegung
- je nach Fragestellung Themenkarten analysieren, z. Bsp. :

Beruf:	Karte 35, Anker
Finanzen:	Karte 34, Fische
Liebe:	Karte 24, Herz
Beziehung:	Karte 25, Ring

- die 5. Senkrechte – das Herzstück des Kartenbildes – ist als zukunftsweisend zu betrachten, hier können auch Tipps der Karten enthalten sein, um Negatives abzuwenden

Die Häuserdeutungstechnik

Jede der Lenormandkarten ist beziffert. Die Karte Reiter mit der Ziffer 1, Klee mit der 2, das Schiff mit der 3 et cetera ... daraus ergeben sich chronologische - immer gleichbleibende – imaginäre Häuser unter einem ausgelegten Kartenblatt, die sowohl auf 8 x 4 und 9 x 4 Legungen anwendbar sind.

Chronologische Kartenfolge für 8 x 4 Legungen

1	2	3	4	5	6	7	8
Reiter	Klee	Schiff	Haus	Baum	Wolke	Schlange	Sarg
9	10	11	12	13	14	15	16
Blume	Sense	Ruten	Eulen	Kind	Fuchs	Bär	Sterne
17	18	19	20	21	22	23	24
Störche	Hund	Turm	Park	Berg	Wege	Mäuse	Herz
25	26	27	28	29	30	31	32
Ring	Buch	Brief	Herr	Dame	Lilie	Sonne	Mond

		33	34	35	36		
		Schlüssel	Fische	Anker	Kreuz		

Chronologische Kartenfolge für 9 x 4 Legungen

1 Reiter	2 Klee	3 Schiff	4 Haus	5 Baum	6 Wolken	7 Schlange	8 Sarg	9 Blume
10 Sense	11 Ruten	12 Eulen	13 Kind	14 Fuchs	15 Bär	16 Sterne	17 Störche	18 Hund
19 Turm	20 Park	21 Berg	22 Wege	23 Mäuse	24 Herz	25 Ring	26 Buch	27 Brief
28 Herr	29 Dame	30 Lilie	31 Sonne	32 Mond	33 Schlüssel	34 Fische	35 Anker	36 Kreuz

Die Hinzunahme der Häuserdeutung zur Interpretation ermöglicht dem Kartenleger ein tieferes Eintauchen in die Geschichten des Kartenbildes. Viele zusätzliche Informationen werden durch diese Methode sichtbar. Um mit der Häusertechnik zu arbeiten, ist es nötig, die Bedeutung der 36 Einzelkarten zu kennen.

Die Personen und Themenkarten suchen sich in einem Grand Tableau einen bestimmten Platz aus. Dieser Platz vermittelt bereits die gegenwärtig bestehende Grundstimmung der Personen – bzw. der Themenkarte.

Beispiel 1: Die Personenkarte Dame (Nr. 29) ist auf das Haus der Mäuse (Nr. 23) gefallen. Hier sieht man, das es der Ratsuchenden derzeit an etwas fehlt, sie mit einem Verlust hadert oder das sie momentan von Ängsten geplagt ist.

Beispiel 2: Die Personenkarte Herr (Nr. 28) liegt auf dem Platz 6 – Haus der Wolken – Der Ratsuchende grübelt sehr viel, ringt momentan um Klarheit oder ihn umgeben nebulöse Umstände.

Beispiel 3: Die Themenkarte für Veränderungen – Störche (Nr. 17) ist auf das Haus Blumen (Nr. 9) gefallen. Die anstehenden Veränderungen verlaufen wie gewünscht, hier sogar mit einem Glücksbonus, da die Karte Blume in ihrer Einzeldeutung unter anderem auch eine Glückskarte ist.

Mit Hilfe der Häuserdeutung erfahren wir auch die zukünftigen Tendenzen zum befragten Thema. Das folgende Beispiel anhand einer 9x4 Legung:

Platz 1	Platz 2	Platz 3	Platz 4	Platz 5	Platz 6	Platz 7	Platz 8	Platz 9
				Fische				
Platz 10	Platz 11	Platz 12	Platz 13	Platz 14	Platz 15	Platz 16	Platz 17	Platz 18
							Ring	
Platz 19	Platz 20	Platz 21	Platz 22	Platz 23	Platz 24	Platz 25	Platz 26	Platz 27
						Sonne		
Platz 28	Platz 29	Platz 30	Platz 31	Platz 32	Platz 33	Platz 34	Platz 35	Platz 36
						Störche		

In dieser Graphik verfolgen wir die Entwicklung der Finanzen.

Die Geldkarte – Fische (Nr. 34) – liegt auf dem Häuserplatz Baum (Nr. 5). Die Lage der Fische zeigt, dass hier ein beständiges Einkommen vorhanden ist. Das Wachstum des Geldes ist mit dem Baum jedoch langsam dargestellt (Gegenwartsbeschreibung).

Um zukünftige finanzielle Tendenzen abzufragen, sehen wir uns nun an, was sich im Haus des Geldes tut. Hierzu schauen wir uns das 34. Haus näher an. Dort finden wir die Störche (Nr. 17) wieder. Die Störche weisen auf eine Änderung/Wandlung der Finanzlage hin.

Für weiterführende Informationen betrachten wir nun das Haus der Störche, also das 17. Haus im Kartenbild. Dort liegt der Ring (Nr. 25), der auf der finanziellen Deutungsebene von einem Vertrag berichtet.

Auf dem Häuserplatz 25 liegt die Sonne (Nr. 31). An dieser Deutungskette erkennen wir, dass die Finanzen zukünftig einen Aufschwung erfahren.

Liegt eine Karte in ihrem eigenen Haus nutzen wir die anliegenden Karten zur Deutung.

Häuserübersicht 9 x 4 für die emotionale Deutungsebene

1 Reiter	2 Klee	3 Schiff	4 Haus	5 Baum	6 Wolke	7 Schlange	8 Sarg	9 Blume
Botschaft Zuneigung Fortschritt	kleines Glück Humor	Sehnsucht Entwicklung	Schutz Familie	Leben (s) muster Beständig	Probleme Zweifel	Komplikation Umwege	Stillstand Kummer Ende	Freude Spaß Lachen
Person (m)			Person (m)		Person (m)	Person (w)		Person (w)
10 Sense	**11 Ruten**	**12 Vögel**	**13 Kind**	**14 Fuchs**	**15 Bär**	**16 Sterne**	**17 Störche**	**18 Hund**
Gefahr Bruch schnell	Gespräche Streit Zahl 2	Sorgen Hektik Zahl 2	Neubeginn Neugier	Mißtrauen	Stärke Kraft	Klarheit Wünsche	Wandel Änderung	Treue Loyalität Freundsch.
			Kind w/m		Person (m)		Person (w)	Person w/m
19 Turm	**20 Park**	**21 Berg**	**22 Wege**	**23 Mäuse**	**24 Herz**	**25 Ring**	**26 Buch**	**27 Brief**
Alleinsein Rückzug	Wirkung nach aussen	Schwierigkeiten	Entscheidungen Kompromisse	Angst Mängel Verlust	Liebe verliebt Sympathie	Bindung	Rätsel unbekannt	Nachricht
			Person (w)					
28 Herr	**29 Dame**	**30 Lilie**	**31 Sonne**	**32 Mond**	**33 Schlüssel**	**34 Fische**	**35 Anker**	**36 Kreuz**
männl. Hauptpers.	weibl. Hauptpers.	Leidensch. Sexualität Harmonie	Großes Glück Erfolg	Seele Empathie	Lösungen	Gefühle	Abhängigkeiten	Schicksal Glaube Lernprozess
		Person (m)				Person (m)		

Häuserübersicht 9 x 4 Finanzen – Beruf – Firma

1 Reiter	2 Klee	3 Schiff	4 Haus	5 Baum	6 Wolken	7 Schlange	8 Sarg	9 Blume
Angebot Zusage	kleines Glück	Handel Reise Entwicklung	kleine Firma	Beständigkeit	Analyse Sorgen Bilanz	Strategie Chefin	Krise	kurzfrist. Wachstum Lob Kreativität
10 Sense	11 Ruten	12 Vögel	13 Kind	14 Fuchs	15 Bär	16 Sterne	17 Störche	18 Hund
Ertrag Gefahr	Debatte Meinung Kommunikation	Anruf Gerede Kommunikation	Neues Projekt	Spekulation	Stabilität Chef	Planung	Umstrukturierung Wechsel	Team Kollegen Loyalität
19 Turm	20 Park	21 Berg	22 Wege	23 Mäuse	24 Herz	25 Ring	26 Buch	27 Brief
gr. Firma Behörde Dominanz	Öffentlich Kunden Werbung	Hindernis	Entscheidungen Möglichkeiten	Minus Mängel	Ideale	Verträge Pflichten	Buchhaltung Dokumente	Infos Nachrichten
28 Herr	29 Dame	30 Lilie	31 Sonne	32 Mond	33 Schlüssel	34 Fische	35 Anker	36 Kreuz
HP Kollege	HP Kollegin	soziale Strukuren	Glück Erfolg	Erfolg nur mit Sonne u. Sterne Illusionen	Lösungen Sicherheiten	Finanzen Geldfluss	Fleiß Abhängigkeiten	Belastungen

Seminare „Lenormandkarten" mit Doreen Feike

Teil 1 für Beginner „Auf den Spuren der Mlle. Lenormand"

In diesem Teil des Seminares bekommen Sie das Grundwerkzeug mit auf den Weg. Enthalten sind auch ein Lenormandkartendeck "Blaue Eule", unterstützende Lernunterlagen und ein Zertifikat. Vorkenntnisse sind nicht erforderlich.

- Einzelbedeutung der 36 Karten in allen Deutungsebenen (Liebe, Beruf, Finanzen, Eigenschaften, Zeittendenzen, körperliche Aspekte)
- Ratschlag jeder einzelnen Karte zur Bewusstseinsarbeit
- Intuitives Verbinden von 2-3 Karten zu einer stimmigen Aussage
- Kleine 9er Legung und die richtige Herangehensweise beim Deuten inklusive der Häuserdeutungstechnik
- Tipps zur Förderung der Intuition

Teil 2 für Fortgeschrittene: "Es ist angerichtet - Die große Tafel"

In diesem Seminar sind gute Grundkenntnisse Voraussetzung zur Teilnahme.

- Anwenden der Häuserdeutungstechnik im Grand Tableau
- Energetische Bezüge herstellen
- Rösseln, Spiegeln, Korrespondieren / Vergangenheit Gegenwart Zukunft

- Vorgehensweise zur Deutung der großen Tafel
- Umgang mit Klienten
- Tipps zur Selbstständigkeit als Berater

Mehr Infos und individuelle Terminvereinbarungen unter:
www. Leenas-Lenormandschule.de